Venda di più con le lettere di vendita

Come scrivere lettere di vendita mirate e convincere i suoi clienti - incl. lista di controllo

Carsten Meinders

CONTENUTO

Prefazione

Dl suo obiettivo fondamentale è quello di aumentare il valore dell'azienda per gli azionisti. Se vuole ottenere una grande risposta ad un annuncio su un giornale o una rivista, ad una lettera di vendita diretta o ad un sito web, deve essere consapevole del seguente fatto fondamentale:

"Cos'è che rende speciale la sua azienda?". Uno strumento di comunicazione di marketing importante e frequentemente utilizzato è la lettera di vendita. Può costruire la sua base di clienti e aumentare le vendite.

Cosa c'è di speciale nelle lettere di vendita che vengono sempre lette? Cosa c'è di speciale nelle lettere di vendita che vendono prodotti? Qual è il segreto delle lettere di vendita che i lettori leggono fino all'ultima riga? Perché acquistiamo sulla base di alcune lettere di vendita e non di altre, anche se offrono gli stessi vantaggi e caratteristiche?

Chiunque può scrivere una splendida lettera di vendita. Certo, potrebbe aver bisogno di imparare qualche nuova abilità. Ma i famosi copywriter di oggi non sono nati sapendo come scrivere buone lettere di vendita.

Tutti hanno iniziato da zero. Anche loro hanno avuto le loro difficoltà e i loro fallimenti iniziali. Ma hanno perseverato. Una volta che saprà come giocare, scoprirà che scrivere una lettera di vendita efficace è un gioco da ragazzi.

Questo e-book la accompagna passo dopo passo nel processo di scrittura di una lettera di vendita efficace, da quello che è il suo obiettivo, agli elementi di base di una lettera di vendita, ai preziosi consigli su come migliorare la sua lettera di vendita per aumentare le vendite... Troverà tutto in questo e-book.

Si goda la lettura.

Capitolo 1 - Introduzione

TUTTO SU UNA LETTERA DI VENDITA

Una lettera di vendita è un documento concepito per promuovere le vendite. È pensata per persuadere il lettore a effettuare un ordine o a richiedere informazioni su un prodotto o un servizio. L'obiettivo fondamentale è quello di motivare il lettore a compiere una determinata azione.

Risultati della mia ricerca e sviluppo

"Mi rivolgo a lei per parlarle della lavatrice davvero fantastica che ho sviluppato. Prima di tutto, so che è meravigliosa perché ho trascorso anni a lavorare su lavatrici di tutti i tipi. Poi ho ampliato la mia area di ricerca e sviluppo (R&S) per includere tutti i tipi di lavatrici commerciali, e sono stato a conoscenza di tutti i tipi di segreti che fanno sì che lo sporco esca nei posti più impensabili. Ora, DIECI ANNI DOPO, sono pronto a farle godere i frutti del mio duro lavoro. Ho sviluppato la Lavatrice EZ. Devo dirle che metterà in imbarazzo tutte le altre lavatrici che ha visto".

Trova qualcosa di sbagliato in questa lettera di vendita? Quasi tutto è sbagliato.

Il titolo riguarda solo l'autore e non il cliente. Inoltre, vengono utilizzati alcuni termini tecnici: "R&S" per ricerca e sviluppo. Si tratta di un termine industriale che potrebbe irritare alcuni potenziali clienti. Non sappiamo a cosa si riferiscano i 10 anni di lavoro. Né ci vengono fornite caratteristiche eccezionali. L'autore si limita a parlare in termini generali dell'ottimo lavoro svolto. La lettera di vendita parla di tutto ciò che ha fatto negli ultimi 10 anni e non di ciò che otterrò o almeno di ciò che posso aspettarmi.

Prima di iniziare a scrivere una lettera di vendita, deve provare,

Si metta nei panni del potenziale cliente. Sia chiaro su come gestire le lettere non richieste che riceve. La maggior parte di queste lettere, se non tutte, finisce nel cestino della carta. Alcune non vengono nemmeno aperte. Pertanto, di seguito ho riassunto brevemente i motivi più importanti per cui dovrebbe creare una lettera di vendita.

a) Attira l'attenzione sul prodotto e sui servizi che offre.

Il motivo principale e più importante per utilizzare le lettere di vendita come strumento di marketing è quello di far conoscere al cliente il suo prodotto o servizio, coinvolgendo il lettore con fatti appropriati.

b) Trovare una scusa per un appuntamento futuro

La lettera di vendita può essere utilizzata per informare il consumatore di un contatto futuro, ad esempio visitandolo di persona o chiamandolo per un appuntamento.

c) Rispondere alle domande

Se il cliente ha chiesto ulteriori informazioni su un determinato prodotto o servizio in una fase precedente, si può inviare una lettera di vendita per rispondere alle sue domande. Questo può essere di per sé una base per vendere il prodotto o il servizio.

d) Informazioni generali

Una lettera di vendita può informare il consumatore sulle ultime offerte, prodotti, servizi, vendite, ecc. Può trattarsi di qualsiasi altra informazione che ritenga possa interessare il lettore. Il consumatore potrebbe averle chiesto espressamente di informarlo di tali informazioni e/o lei potrebbe rivolgersi esclusivamente a gruppi di consumatori.

Per scoprire come deve scrivere la sua lettera di presentazione, è importante definire i suoi obiettivi. Se è chiaro il suo obiettivo, sarà facile per lei applicare la tecnica necessaria. Eccone alcune:

CONFRONTO TRA PROPOSTE NON SOLLECITATE, OPUSCOLI E LETTERE PROMOZIONALI

Che stia preparando una brochure o scrivendo una proposta non sollecitata, può sempre fare meglio riconoscendo le somiglianze e le differenze tra loro.

Una brochure è un documento sui suoi prodotti e servizi. Spesso viene prodotta su larga scala e distribuita in incognito. Le brochure sono disponibili in diverse forme e dimensioni e di solito sono stampate in colori vivaci e con molti elementi grafici.

Un'offerta non richiesta è un articolo sui suoi prodotti e servizi. Di solito viene preparata in modo indipendente e consegnata ad una persona specifica (anche se non la conosce troppo bene). Spesso assume la forma di una lettera, a meno che non si tratti di un documento di grandi dimensioni che viene rilegato.

Una lettera di vendita è un'offerta breve e mira sempre a farle compiere una determinata azione. A seconda della situazione, le lettere di vendita possono essere o meno indirizzate a persone specifiche, e a volte vengono inviate a persone che non si conoscono.

Quindi, qual è la dissomiglianza? Si scopre che in realtà non c'è molta differenza tra loro. Tutti devono fornire informazioni e di solito cercano di influenzare. A volte l'obiettivo principale di una brochure è quello di fornire informazioni. Un elemento di differenziazione fondamentale è se la brochure mira a farle compiere un'azione particolare. I materiali di marketing sono quasi sempre progettati per incoraggiare il lettore a fare qualcosa. Potrebbe trattarsi di una visita al negozio, di un acquisto, di una visita ad un sito web o forse di una semplice telefonata. Se la sua brochure si limita a fornire informazioni, dovrebbe ripensarla per assicurarsi che sia convincente e considerare di riprogettarla per spingere le persone all'azione.

Se ha una chiamata all'azione, o qualcosa che vuole che i clienti

per ispirare i potenziali clienti, allora può essere utile pensare alla sua brochure come ad una proposta non richiesta. La brochure deve essere progettata per persuadere efficacemente il lettore a compiere l'invito all'azione.

Quando scrive una lettera di vendita, potrebbe non capire che non è molto diversa da una brochure che invita il lettore all'azione. Cerchi di concentrarsi sull'estetica della brochure.

Sia con le brochure che con le offerte non richieste, c'è il pericolo di non avere abbastanza informazioni sul lettore. Più si conosce il lettore, più si può essere convincenti. Tuttavia, gli opuscoli e le offerte non richieste vengono spesso consegnati a persone che non si conoscono troppo bene, di solito con l'aspettativa di conoscerle meglio.

La prossima volta che crea una brochure, una proposta non richiesta o una lettera di vendita, si prenda il tempo di pensarci come se fosse uno degli altri documenti. Utilizzi il confronto per migliorare il documento, ma abbia ben chiari i suoi obiettivi e il suo pubblico.

SEGMENTAZIONE, TARGETING E POSIZIONAMENTO

Quando prepara la sua lettera di vendita, deve conoscere il prodotto o il servizio che le viene offerto, le dinamiche del mercato e le esigenze dichiarate e non dichiarate del lettore. La conoscenza del prodotto o del servizio non può essere sostituita.

Cosa fa il prodotto o il servizio per la persona che ne ha bisogno? In che modo il lettore può trarre vantaggio dall'acquisto? Qual è il punto di vendita unico del prodotto o servizio? Per rispondere a queste domande, deve innanzitutto distinguere i benefici dalle caratteristiche. La lettera di vendita deve essere in grado di convincere il lettore ad acquistare i suoi prodotti sulla base dei benefici che il prodotto/servizio offre, non sulle sue caratteristiche.

Il beneficio è ciò che offre il prodotto o il servizio e come il consumatore trae vantaggio dalla caratteristica. Un beneficio è il risultato specifico della caratteristica. Una caratteristica è ciò che il prodotto o servizio ha già incorporato. Il beneficio è ciò che incoraggia le persone ad acquistare. Ad esempio, un frigorifero ha un dispositivo di sbrinamento (caratteristica). Se questa tecnologia aiuta a eliminare i ghiaccioli indesiderati e a mantenere le nostre verdure fresche e sane, allora abbiamo il beneficio di questa caratteristica.

Decida come vuole pubblicizzare il prodotto o il servizio. Tramite internet, posta diretta, e-mail, vendite dirette, pubblicità su carta stampata, eccetera? Esistono altre pubblicità o pubblicazioni che supportano la lettera di presentazione? Chi è la sua concorrenza? Quali attività di marketing hanno intrapreso? Qual è il suo budget pubblicitario? I suoi obiettivi sono troppo alti?

Chi è il suo potenziale acquirente? Cosa stimola una persona ad acquistare quell'articolo? Gli esperti sottolineano che l'emozione più comune utilizzata per indurre le persone a comprare è la paura, e un milione di altre varianti. Deve mettersi nei panni del consumatore per vedere se la sua offerta soddisfa le sue esigenze emotive.

I copywriter seguono il modello AIDA. Il modello AIDA significa

Attenzione, interesse, desiderio e azione o .

**Catturi l'attenzione
dei suoi lettori**

Se vuole che la sua lettera di vendita risuoni con i suoi lettori, deve innanzitutto catturare la loro attenzione. Può farlo con un titolo o un paragrafo introduttivo che colpisca nel segno, oppure può iniziare la lettera con una domanda avvincente. Ad esempio: "Vuole ridurre i costi dell'elettricità del 45%?".

Un titolo appropriato per una lettera promozionale per un programma di perdita di peso potrebbe essere: "Ora può perdere 15 chili in 2 settimane senza morire di fame; ed è facile e conveniente!". Questo titolo non solo risolve un problema, ma offre anche una soluzione facile e veloce che tiene conto del consumatore sensibile al prezzo.

Il suo lettore sarà interessato a sapere solo quanto segue: Cosa ci guadagno? Perché dovrei investire il mio tempo per continuare a leggere? Se glielo dice all'inizio della sua lettera, continuerà a leggere il resto della lettera, e questa è già metà della battaglia vinta. In ogni caso, raramente arriverà al terzo paragrafo. Quindi l'effetto deve essere immediato. Il nocciolo della questione deve essere spiegato proprio all'inizio.

Suscitare interesse

Deve suscitare l'interesse del lettore mostrandogli perché ha bisogno del suo prodotto o servizio. Deve creare un bisogno del suo prodotto o servizio. Faccia capire al lettore come la sua vita sarà più facile con il suo prodotto. Gli mostri cosa si perde se non prova il prodotto. In questo caso deve dimostrare la sua affidabilità. Può sostenere le sue argomentazioni con testimonianze o studi di casi. Può fornire i dati di comunicazione degli utenti che hanno beneficiato del suo prodotto. Si ricordi sempre che lei conosce tutto del suo prodotto, quindi le "notizie stantie" le sembrano "notizie fresche".

Suscitare desiderio

Ora ha guadagnato l'attenzione del lettore e ha suscitato il suo interesse. Successivamente, deve creare il desiderio. Dica al lettore come trarrà esattamente beneficio dal suo prodotto. Colleghi i vantaggi alla vita quotidiana del lettore. Faccia in modo che si renda conto dei vantaggi del suo prodotto, di quanto sia conveniente per lui ottenerlo e di quanto sarà piacevole la sua vita in seguito.

Le generalità sono meno convincenti. I dettagli specifici sono molto più credibili. Ad esempio, se vuole vendere libri sulla riduzione dei furti dei dipendenti: "Entro la fine di questo trimestre, il tasso di furti dei suoi dipendenti potrebbe diminuire di oltre il 37%. Immagini l'effetto spettacolare che questo avrà sul suo fatturato!". Oppure se sta vendendo un programma di perdita di peso: "In 3 settimane avrà perso 7 chili. Immagini i complimenti che riceverà dal suo coniuge. Immagini come sarà splendida con il suo nuovo costume da bagno!".

Invito all'azione

Cosa deve fare il lettore? Inviare un biglietto di risposta? Ordinare il prodotto o il servizio? Chiamare e chiedere maggiori informazioni? Fissare un appuntamento? Lo informi di conseguenza. È incredibile come molte lettere di vendita non informino il lettore del passo successivo. Pensano che il lettore sia in grado di leggere nel pensiero. Ma di solito non è così.

Finora ha lavorato sodo. Ha attirato la sua attenzione, suscitato il suo interesse, risvegliato i suoi desideri. Non è forse il caso di invitare all'azione? Non dia per scontato che il suo lettore sappia cosa fare dopo. Per sostenere l'azione desiderata, deve sempre includere una cartolina di risposta alla sua lettera.

Il P.S. è un elemento di una lettera che viene sempre letto. Utilizzi il P.S. per evidenziare il suo vantaggio più convincente o per rafforzare la sua garanzia. Non lo sprechi per divertirsi. Se usato con giudizio, potrebbe essere la spinta finale che fa pendere la decisione di acquisto a suo favore. Quindi sia specifico e dia la spinta finale.

Capitolo 2 - Elementi di base di una lettera di vendita

QUALI SONO I COMPONENTI FONDAMENTALI DI UNA LETTERA DI VENDITA?

Ogni lettera di vendita segue più o meno la seguente sequenza:

a. Immagine

b. Titolo

c. Saluto.

d. Paragrafo principale

e. Corpo

f. Chiudere

L'immagine

Se esiste un logo o un design per la sua azienda, lo utilizzi nella lettera di presentazione solo se è davvero rilevante per la sua offerta. Non sta vendendo il logo della sua azienda, ma i vantaggi che l'acquirente avrà acquistando il suo prodotto o servizio. Utilizzi un'immagine specifica che corrisponda al titolo, al contenuto e all'argomento, oppure non utilizzi affatto un'immagine. Si attenga il più possibile alle parole.

Il lavoro del titolo

Il titolo di solito è lungo da 3 a 30 parole. Deve essere accattivante. Deve catturare l'attenzione del lettore e dirgli di cosa tratta la pubblicità (lettera di vendita). Idealmente, l'headline ha il compito di suscitare la concentrazione del lettore, di attirare l'attenzione dello spettatore, di menzionare un vantaggio e di fare un'affermazione.

Benvenuto e paragrafo introduttivo

Ogni lettera di vendita che influenza il lettore ha la possibilità di essere aperta e letta.

o Faccia un filo conduttore con cui il lettore possa identificarsi, usando un tono colloquiale.

o Annunci un nuovo prodotto o servizio, un evento esclusivo o una notizia importante, evidenziando il suo punto di forza.

o Si rivolga al lettore all'altezza degli occhi: "Caro acquirente di auto, sa che...".

o Potrebbe iniziare con qualcosa di nuovo, magari una citazione o un aneddoto.

o Potrebbe iniziare identificando il problema del lettore che il suo prodotto promette di risolvere.

o Ponga una domanda che possa emozionare il lettore.

o Indica al lettore un segreto o un'informazione insolita.

Potrebbe utilizzare un sottotitolo per rispondere a una domanda posta nel titolo. Ad esempio, la parte A potrebbe essere: "Vuole perdere 7 chili in 3 settimane ad un prezzo accessibile?". La parte 2 potrebbe essere: "Ecco come può farlo...".

Contenuto della lettera

Il testo principale deve avere lo stesso tono di voce e riprendere il tema del titolo. Deve continuare ad evidenziare i vantaggi e fornire prove a sostegno della sua affermazione. Fornisca dettagli sui vantaggi e sulle caratteristiche. Costruire la credibilità. Il suo obiettivo fondamentale è creare un bisogno dei suoi prodotti o servizi e convincere le persone a fare ciò che lei vuole che facciano.

Conclusione o invito all'azione

Se chiede al lettore di ordinare qualcosa, di sostenerla o di contattarla, deve rendere facile la risposta. Deve fornire alla lettera di vendita una busta di ritorno affrancata e un modulo d'ordine. Se questo non è possibile, fornisca un numero verde, un link e-mail e/o il suo URL. Ringrazi sempre il lettore per la sua pazienza. Utilizzi sempre un poscritto.

Un ultimo suggerimento

La vera sfida è convincere il lettore a spendere il proprio denaro guadagnato con fatica. Il modo migliore per farlo è utilizzare dei lettori di prova. I lettori di prova possono dare la loro opinione se manca qualcosa nella lettera.

COME FA A CREARE TITOLI PER RAVVIVARE LE SUE LETTERE DI VENDITA SU ?

Ogni strumento di marketing ha bisogno di un titolo. I titoli attirano l'attenzione, rendono il suo messaggio facile da leggere, vanno al cuore dei suoi punti chiave di vendita e spingono i suoi clienti ad acquistare il prodotto o il servizio.

Utilizzi regolarmente le intestazioni nelle sue lettere di vendita, in modo che i lettori capiscano il suo messaggio principale senza dover curiosare troppo.

I titoli vanno dallo "schiaffo in faccia" a quelli più discreti che non sembrano affatto un titolo.

Il suo titolo sarà notato se fa appello agli interessi del lettore. Deve utilizzare la sua headline per fare riferimento a una difficoltà del lettore o a qualcosa di cui sa che il lettore ha un forte sentimento.

Sette titoli sicuri

a. **Faccia una domanda**. "Ha paura di diventare grasso e flaccido?". Una domanda nel titolo costringe il lettore a rispondere nella sua mente. Coinvolge meccanicamente il potenziale cliente nel suo messaggio.

b. **Inizi il suo titolo con "Come fare"**. "Come perdere 7 chili in 3 settimane". Le persone amano le informazioni che mostrano come fare qualcosa di prezioso.

c. **Offra una testimonianza**. Il consiglio di un cliente soddisfatto può fungere da catalizzatore per indurre altri ad acquistare da lei.

d. **Dare un comando**. Alcuni titoli tradizionali chiedono ai lettori di "puntare in alto", "fare carriera", ecc. Trasformi il suo vantaggio più importante in un titolo forte.

e. **Le notizie significative sono un buon titolo**. Questo funziona particolarmente bene in caso di grandi cambiamenti nella sua azienda o di lancio di nuovi prodotti.

f. **Indichi una data finale per un'offerta speciale**. La maggior parte di noi è sempre troppo impegnata e tende a rimandare l'azione. "Risparmia ora" e "Ricevi un bonus se acquisti ora" aumentano la risposta.

g. **Le offerte gratuite spesso ottengono la maggiore risposta**. Esiste il mito che i clienti facoltosi o professionali siano scoraggiati dalle offerte gratuite. Non è affatto vero. Basta adattare la sua offerta gratuita allo stile dei suoi clienti o del suo settore.

I potenziali acquirenti sono sempre sotto pressione per il tempo. Ogni giorno sono sommersi da centinaia di annunci, lettere di vendita, cartoline e pubblicità. Tendono a ignorare qualsiasi messaggio pubblicitario che sembra richiedere molto tempo per essere compreso. I titoli li aiutano a decidere. Quindi si concentri su di essi.

È IMPORTANTE AVERE UN PRIMO PARAGRAFO FORTE?

La prossima questione cruciale è come iniziare la lettera di presentazione.

Dice subito al potenziale cliente cosa vuole vendergli? Lo tocca un po' per fargli capire perché ha bisogno del suo prodotto o servizio?

L'andamento del primo paragrafo della sua lettera di vendita dipende dal tema che ha scelto. Dipende da questo tema se il suo paragrafo introduttivo adotta un particolare approccio creativo o si concentra sulla sua offerta.

Una volta che il suo primo paragrafo è in linea con il suo tema, l'attenzione deve concentrarsi sulla fase di riscaldamento. Una fase di riscaldamento inefficace paralizza una lettera di vendita più di qualsiasi altro aspetto e si traduce in una lettera mediocre.

Un buon testo di vendita va dritto al punto. Il suo obiettivo è suscitare l'interesse del lettore. Non si tratta di gettare le basi per la comprensione del testo, ma di creare un interesse immediato per l'argomento scelto.

Inoltre, il primo paragrafo dovrebbe essere scritto in prima persona. Un modo rapido per rendere una lettera illeggibile è parlare in terza persona o inserire il "noi" nella lettera. Iniziare una lettera con un "noi" può rovinare la risposta.

Ecco un elenco completo di regole da seguire quando scrive il suo primo paragrafo:

a. Lo renda teatrale, interessante e mirato al pubblico.

b. Mantenga il paragrafo breve.

c. Mantenga le frasi precise.

d. Mantenga le parole brevi.

e. Utilizzi la parola "lei" per rivolgersi al potenziale cliente.

f. Lasci che il suo messaggio provenga da una sola persona, in modo molto individuale, con l'obiettivo di creare un pubblico di lettori one-to-one nel corso del post.

g. Quando valuta una lettera di vendita, dovrebbe controllare soprattutto il paragrafo introduttivo. Corrisponde all'approccio e al sapore dei sei punti precedenti?

Non esiste una formula rigida per un paragrafo introduttivo, ma le sue lettere susciteranno risposte migliori se si atterrà alle regole piuttosto che infrangerle.

UN P.S. È ESSENZIALE NELLA SUA LETTERA DI VENDITA?

Le persone vogliono sapere chi ha inviato loro la lettera e tendono a scorrere rapidamente fino alla fine della lettera per vedere la firma in calce.

La cosa successiva che si vede sotto la firma è un poscritto (o P.S.). In effetti, il suo P.S. può essere il secondo (dopo il titolo) o il terzo (dopo la frase/paragrafo introduttivo) elemento più letto della sua lettera di vendita o e-mail. La maggior parte dei copywriter non usa solo un poscritto, ma diversi (P.P.S.).

La maggior parte dei post scriptum sono relativamente brevi, di solito circa 3 o 4 righe, che riassumono l'offerta, confermano la scadenza e contengono l'invito all'azione.

Il Duden definisce la P.S. come segue (letteralmente):

"Postscriptum - Poscritto; un paragrafo aggiunto a una lettera dopo che è stata completata e firmata dallo scrittore; un'aggiunta a una lettera o a una composizione dopo che il corpo principale del lavoro è stato completato, contenente qualcosa di omesso o qualcosa di nuovo che si presenta allo scrittore".

Per i marketer, rappresenta un'ultima opportunità per spingere i potenziali clienti all'azione. Il modo migliore per utilizzare l'ultimo "addendum" è quello di evidenziare o ripetere un punto importante per il lettore.

Utilizzi queste tattiche. Il P.S. è uno degli elementi più letti di qualsiasi lettera di vendita.

È secondo solo al titolo e ai sottotitoli quando si tratta di priorità di lettura.

Sia breve e preciso. Un riassunto conciso è sufficiente per mantenere l'interesse del lettore. Se ha bisogno di più spazio, aggiunga un secondo P.S.. L'aggiunta di un ulteriore P.S. è una strategia efficace soprattutto per le lettere di vendita più lunghe.

DEVE INCLUDERE DELLE GA-RANZIE?

Se offre un prodotto o un servizio senza garanzia, potrebbe essere sul punto di perdere una grande percentuale di vendite potenziali. Al giorno d'oggi, le truffe sono molto diffuse. Dal momento che non esistono polizia o moderatori ufficiali su Internet, il numero di truffe è probabilmente ancora maggiore.

A causa di questi truffatori e del gran numero di sfide online, le persone sono sospettose e cercano sempre più mezzi più protetti per trarre profitto dalle offerte. Le garanzie sono quindi uno strumento influente per il marketer opulento e possono fare due cose molto importanti per contribuire ad aumentare i propri profitti: aumentare le vendite e ridurre i resi.

Quando offre una garanzia, riduce la diffidenza nei confronti dell'acquisto del suo prodotto o servizio. I consumatori sono molto cauti, e lo sono ancora di più quando acquistano su Internet. E le garanzie le conferiscono un'affidabilità quasi immediata con i potenziali clienti.

Le garanzie aumentano il valore percepito. Prendiamo ad esempio la storia dei fratelli Monaghan.

Entrambi i fratelli lavoravano in un ufficio a domicilio. Avevano bisogno di soldi per pagare l'università. Lavoravano a turni e frequentavano l'università quando avevano l'altro turno libero. Dopo circa un anno di perdite, uno dei due fratelli ha venduto la sua quota di attività. L'altro rimase nella piccola pizzeria. In alcune recenti interviste, Tom Monaghan ha dichiarato di non essere sicuro di fare la cosa giusta. E il resto è storia. La sua decisione è stata la migliore che abbia mai preso. La sua attività si basava su una semplice garanzia - "Pizza fresca in 30 minuti o gratis" - e Domino's

Pizza è diventata l'industria miliardaria che è oggi.

Le garanzie aumentano le vendite e riducono i resi.

La truffa della restituzione aumenta la rapidità e dà più fiducia all'acquirente. Utilizzi quindi le garanzie per assicurarsi il successo.

Sette consigli per una grande garanzia

o Renda la garanzia semplice e diretta. Lasci perdere le scuse e le scritte in piccolo.

o Si assicuri che tutta la sua azienda sia convinta della filosofia operativa stabilita dall'uso delle garanzie.

o Abbia una familiarità sufficiente con i suoi clienti per sapere se la garanzia sarà utile al cliente.

o Una garanzia dovrebbe essere reciproca, vale a dire che se supera il suo potenziale di performance, dovrebbe addebitare una commissione di successo.

o Indichi quali clienti possono richiedere la garanzia e quali no. Limiti il numero al minimo.

o Rispondere rapidamente quando un cliente le chiede di onorare la sua garanzia.

o Monitorare le sue prestazioni per evitare sorprese.

Le garanzie possono essere suddivise in cinque categorie molto diverse:

o La garanzia di rimborso: garantisce che i suoi clienti non sprecheranno il loro tempo o il loro denaro. Inoltre, protegge i clienti se il prodotto si rompe o si guasta.

o La garanzia di soddisfazione: garantisce che il suo cliente sarà felice e soddisfatto del suo servizio o prodotto.

o Garanzia di prezzo: può trattarsi di un prezzo fisso che assicura che il prezzo e/o i termini di pagamento non cambieranno o aumenteranno (ad esempio, per l'assicurazione sulla vita), oppure di una garanzia che il cliente non troverà un prezzo più conveniente altrove.

o Garanzia di puntualità: aiuta a placare i timori dei clienti che sono sotto pressione per il tempo. Per le aziende come le tipografie, le officine di riparazione auto e le società di cablaggio, un'offerta del genere può essere allettante.

o Garanzia Assolutamente Senza Domande: questa può essere applicata a tutto. Provi e vedrà.

Capitolo 3 - Consigli per scrivere una lettera di vendita

CONSIGLI DI BASE PER SCRIVERE UNA LETTERA DI VENDITA EFFICACE SU

a. **Costruire la credibilità**. Oltre a menzionare i vantaggi, dovrebbe anche includere testimonianze di persone che hanno già utilizzato e beneficiato del suo prodotto o servizio. Questo aumenta la credibilità.

b. **Lo renda memorabile per il suo lettore**. La maggior parte delle e-mail non richieste finisce nel cestino. Il suo mailer dovrebbe contenere qualcosa di unico, in modo che le persone dedichino più tempo a leggerlo. Ad esempio, un servizio di riparazione auto potrebbe includere i 10 migliori consigli per la manutenzione dell'auto e così via.

c. **Enfatizzi l'estetica**. La lettera deve essere facile da usare. Deve avere un impatto visivo attraente. L'estetica deve essere ben definita. Dovrebbe anche essere facile da navigare.

d. **Includa un invito all'azione**. Includa una cartolina, una busta affrancata e/o un modulo d'ordine. Se non è appropriato, includa un numero verde, un link e-mail e/o il suo URL.

e. **Utilizzi sempre un incentivo**. La lettera deve contenere un incentivo per un'azione rapida - uno sconto, un'offerta speciale, un regalo, ecc.

f. **Resistere alla funzione "lettera seriale"**. La tecnologia ha indubbiamente reso la vita più facile. Ma cerchi di non scrivere lettere di massa. Progetti ogni lettera individualmente in base alle esigenze del lettore.

g. **Stabilisca relazioni durature**. Cerchi di costruire relazioni durature con i suoi clienti. Per farlo, deve "sottopromettere" e "sovraconsegnare".

h. **Testare il mercato**. Qualunque sia la tecnica che desidera utilizzare, deve sempre testare il mercato.

i. **Cerchi il tono giusto**. La sua lettera di vendita non deve essere troppo formale e piena di termini tecnici. Questo potrebbe scoraggiare il lettore.

j. **Un ultimo consiglio**: prima di inviare gli invii, si assicuri di aver calcolato tutti gli aspetti. Non vorrà certo essere sommerso da offerte senza disporre dei fondi necessari.

UNA GUIDA IN 12 PASSI PER SCRIVERE UNA BUONA LETTERA DI VENDITA

Non è necessario essere un copywriter pluripremiato per scrivere lettere di vendita competenti. In effetti, scrivere ottime lettere di vendita è più una scienza che un'arte. Anche i professionisti utilizzano dei 'modelli' provati e testati per creare lettere di vendita che raggiungano il risultato desiderato.

Tutti hanno una qualche forma di resistenza all'acquisto. L'obiettivo fondamentale della sua lettera di vendita dovrebbe essere quello di superare la resistenza all'acquisto del suo lettore e di convincerlo ad agire. Questi ostacoli si fanno sentire in molti commenti spiegati e non spiegati dei clienti, come ad esempio:

"Non vedi il mio vero problema".

"Come faccio a sapere che lei è competente?".

"Non ti credo affatto".

"Non ne ho bisogno al momento".

"Non mi aiuterà in alcun modo".

"Cosa succede se non lo trovo utile?".

"Non posso permettermi di comprarlo".

ecc.

La lettera di vendita deve fare appello alle emozioni del lettore, in modo che sia stimolato ad agire. La lettera deve cercare di fare appello ai "bottoni caldi" o punti di pressione emotiva che spingono il lettore a comprare. I due fattori motivanti più importanti sono la prospettiva di guadagno e la paura della perdita.

Preferisce acquistare un corso da 60 dollari su "Come fare carriera" o "Come evitare il licenziamento"?

Ogni giorno il secondo titolo venderà meglio. E perché? Perché affronta la paura della perdita.

Ecco un modello in 12 passi per scrivere lettere di vendita a prova di errore.

Cerchi di attirare l'attenzione:

Supponendo che il lettore abbia aperto la sua copertina, il prossimo passo importante è catturare la sua attenzione. Il titolo è la cosa più importante a cui il lettore presta attenzione. Le persone hanno una capacità di attenzione molto limitata e di solito gettano la posta nel cestino, a meno che il titolo non catturi la loro attenzione.

Qui di seguito sono riportati tre esempi di modelli di headline che hanno dimostrato di mantenerla concentrata.

ISTRUZIONE ________________

I SEGRETI ESSENZIALI DI ________________ENTHÜLLT!

AVVISO: NON SI AZZARDI A ________
PRIMA DI AVER ________________.

Identificare il problema del lettore: ora che il lettore le ha dedicato tutta la sua attenzione, deve affrontare direttamente l'area del problema. Cerchi di mettersi nei panni del lettore.

Un altro metodo consiste nell'innescare il problema. Si descrive il problema e lo si drammatizza in modo che la persona senta davvero il dolore e l'agonia della sua situazione. Gli esseri umani sono creature talmente robuste e abitudinarie che difficilmente si preoccupano di cambiare le loro abitudini, a meno che non provino un grande dolore. In effetti, le aziende non sono diverse. La maggior parte delle aziende continua a fare la stessa cosa fino a quando la situazione non diventa così grave da dover cambiare qualcosa.

Offrire la soluzione al problema: Dopo aver identificato il problema del lettore, lei diventa il "salvatore" offrendogli la soluzione al problema. Presenta il suo prodotto o servizio e gli mostra come tutti i suoi problemi scompariranno una volta ricevuto il suo prodotto/servizio.

Presentare le sue qualifiche al potenziale acquirente: Se si limita a dire al lettore che può rendere la sua vita più comoda e conveniente, non sarà indotto ad acquistare i suoi prodotti. Deve creare fiducia e dimostrare la sua credibilità. Può farlo nei seguenti modi:

o Elenco di casi studio ed esempi di successo

o Nome di aziende (o persone) famose con cui ha fatto affari

o Menzione della sua esperienza professionale

o Mostri i premi e i riconoscimenti importanti che ha ottenuto

Mostri i vantaggi dei suoi prodotti: Ora deve dire al lettore come potrà beneficiare personalmente del suo prodotto o servizio. Non si limiti a menzionare le caratteristiche. Nessuno è interessato solo alle caratteristiche. Può invece disegnare due colonne. In una colonna può scrivere le caratteristiche e nell'altra tutti i possibili vantaggi che il lettore può trarre dalla caratteristica. Può anche utilizzare dei punti elenco per ogni beneficio, per rendere la navigazione più semplice.

Fornisca la prova sociale: dopo aver presentato tutti i suoi vantaggi, ora deve rafforzare la sua credibilità e la fiducia dei suoi lettori con testimonianze di clienti soddisfatti.

Le testimonianze sono strumenti di vendita influenti che dimostrano la veridicità delle sue affermazioni. Un altro modo per rendere la sua testimonianza ancora più influente è quello di includere le foto dei suoi clienti con i loro nomi, indirizzi e numeri di telefono. La maggior parte dei lettori non chiamerà per scoprirlo. Ma se include i numeri di telefono, aumenta la sua credibilità.

Faccia la sua offerta finale: La sua offerta è l'elemento più importante della sua lettera di vendita. Se la sua offerta è ottima, sarà irresistibile anche con un testo di vendita mediocre.

La sua offerta può essere progettata in molti modi diversi. Le migliori offerte sono solitamente un mix interessante di prezzo, condizioni e aggiunte gratuite. È sempre più vantaggioso arricchire la sua offerta con un numero sempre maggiore di

vantaggi rispetto alla semplice riduzione del prezzo.

Faccia una promessa o una garanzia: può rendere la sua offerta ancora più attraente eliminando il fattore rischio. Si ricordi che le persone hanno il timore che i venditori vogliano truffarle.

Dia una garanzia molto forte, ma solo se ha sufficiente fiducia nel suo prodotto o servizio. Se dà una garanzia e poi non la mantiene, la sua credibilità vacilla. Quindi faccia attenzione. Se il suo prodotto o servizio è sufficientemente buono, poche persone avranno bisogno di un rimborso.

Introduca gli elementi di scarsità: La maggior parte delle persone impiega molto tempo a rispondere alle offerte, anche se sono allettanti. Le ragioni possono essere molteplici, ad esempio:

o Non provano abbastanza disagio per cambiare qualcosa.

o Sono troppo occupati e alla fine se ne dimenticano.

o Non credono che il valore percepito giustifichi il prezzo richiesto.

o Sono semplicemente pigri.

Per spingere le persone ad agire, deve aggiungere degli incentivi all'offerta. Può creare un senso di scarsità informando il lettore che l'offerta o la quantità sono limitate. Può anche dire che la sua offerta è valida solo per un periodo di tempo limitato.

La sua offerta potrebbe essere più o meno così: "Se fa acquisti entro (data), riceverà una serie di omaggi".
"La nostra offerta è limitata a 60 pezzi (prodotto o servizio) e li riceverà in base al principio 'primo arrivato, primo servito'. Una volta esauriti, non saranno più disponibili".
"Questo prezzo è valido solo per i prossimi 15 giorni".

Ma una volta fatta un'offerta del genere, non può annullarla e continuare a prolungare l'ultimo appuntamento. Questo farà sì che i suoi clienti perdano fiducia in lei.

Invito all'azione: Non dia per scontato che il suo lettore sappia cosa fare per approfittare della sua offerta. Deve guidarlo attentamente su come effettuare l'ordine con un linguaggio molto comprensibile e conciso. Gli dica se deve chiamarla, inviarle un fax o cliccare sul pulsante dell'ordine sul suo sito web.

Emetta un avvertimento:
Una buona lettera di vendita dovrebbe suscitare emozioni anche dopo l'invito all'azione.

Può utilizzare la strategia del 'rischio di perdita' per far sapere al lettore cosa accadrebbe se non utilizzasse la sua offerta esistente. Esempio:

Combattere per sempre:
o Perda la possibilità di ottenere tutte le sue preziose chicche.

o Nessun miglioramento nella vita.

o Scopra come i suoi concorrenti traggono vantaggio e progrediscono nella vita.

Cerchi di dare al lettore una triste immagine della punizione che lo attende se non agisce subito. Faccia in modo che si renda conto di quanto si sta perdendo al momento.

Chiudere con un promemoria appropriato
Dovrebbe sempre includere un poscritto (P.S.). In questo poscritto può ricordare ai suoi clienti la sua allettante offerta. Se ha parlato di scarsità

nella sua lettera di vendita, inserisca il suo invito all'azione e poi ricordi ai clienti l'offerta a tempo (o quantità) limitato.

Con questa formula in 12 fasi, chiunque può scrivere una lettera di presentazione efficace e promozionale per le vendite. Di seguito, alcuni suggerimenti aggiuntivi per aiutarla a scrivere una lettera di vendita ancora migliore:

Suggerimento 1: menzioni sempre le caratteristiche/benefici - Il più grande ostacolo alla scrittura di una lettera di vendita brillante è iniziare in modo semplice. Prenda carta e penna ed elenchi tutte le caratteristiche del suo prodotto o servizio. Poi prenda un altro foglio di carta ed elenchi i vantaggi che possono derivare dal suo prodotto o servizio.

Suggerimento 2: quando ha finito di scrivere la lettera, se ne dimentichi per un giorno o due.
In questo modo potrà essere più pratico nell'editing dei suoi scritti.

Suggerimento 3: crei un "album" per stimolare la sua creatività. Quando vede un annuncio o una lettera di vendita ben fatta su un sito web o riceve una lettera davvero efficace per posta o via e-mail, la conservi in un file o in una cartella a cui potrà fare riferimento più volte. Confronti sempre le idee.

Suggerimento 4: crei un profilo del cliente prima di scrivere la sua lettera di vendita . Utilizzi un foglio su cui annotare tutto ciò che sa sul suo cliente target.

Suggerimento 5: la lettera di presentazione deve essere lunga quanto basta. Può essere un breve articolo di 2 pagine o un e-book di 50 pagine. Lo scopo essenziale di entrambi è suscitare emozioni e invitare all'azione.

Chi sono i suoi potenziali clienti?

Prima di scrivere la sua lettera di vendita, deve individuare il suo gruppo di clienti. Deve sapere a chi vuole vendere il suo prodotto o servizio. Se offrisse una mazza da golf progettata per il golf, non la commercializzerebbe agli uomini in generale. Lo adatterebbe alle persone che giocano a golf. Deve essere molto specifico.

In che modo il suo prodotto o servizio è diverso dagli altri?

In che modo il suo prodotto si differenzia da quello della concorrenza? Ha fatto uno studio comparativo? Se c'è qualcosa di unico nel suo prodotto, lo mostri ai lettori.

Perché la parte interessata dovrebbe avere fede
avere?

Con tutte le truffe e le false informazioni diffuse nella pubblicità, lo scetticismo si instaura molto rapidamente. Deve quindi assicurarsi che il suo potenziale cliente creda che ciò che gli sta dicendo sia la verità inconfutabile. Costruisca la sua credibilità offrendo statistiche e testimonianze.

Quali sono i vantaggi che il suo prodotto o servizio offre al consumatore?

Elenchi tutti i vantaggi visibili e non visibili che rendono il suo prodotto irresistibile.

Perché il potenziale cliente potrebbe rifiutare la sua offerta?

Si metta nei panni del suo potenziale acquirente. In questo modo saprà quali riserve o obiezioni potrebbe avere. Una volta che le conosce, ci lavori sopra e risolva i problemi.

Perché il suo prospect dovrebbe agire ora?

La domanda finale a cui deve rispondere al suo prospect è perché deve agire senza ulteriori indugi. Gli dia un motivo reale per agire immediatamente. Faccia un prezzo speciale se agisce entro i prossimi giorni. Oppure gli dica che le quantità sono limitate e che una volta esaurito lo stock, non venderà più allo stesso prezzo. Si assicuri che la sua chiamata sia credibile.

L'ESTETICA È IMPORTANTE PER LA SUA LETTERA DI VENDITA?

L'aspetto è importante per lei? Come la maggior parte delle persone - compresi i suoi clienti e potenziali clienti - la sua risposta è "sì". Soprattutto nelle vendite, l'aspetto è fondamentale. In una situazione di concorrenza, ad esempio, a parità di altre condizioni, l'aspetto del venditore può essere il fattore decisivo per la chiusura dell'affare.

Anche l'aspetto è fondamentale per il successo della sua lettera di vendita.

Il marketer con una mailing list molto mirata, un'offerta forte e un testo di successo - e quello che presta attenzione all'aspetto della sua lettera - riceverà sicuramente più offerte di quello che si concentra solo sul contenuto senza prestare attenzione all'estetica. Più è mcmorabile, meglio è.

Suggerimenti su come rendere bella una lettera di vendita:

Suggerimento 1: utilizzi sempre un font adatto ai lettori. Quasi tutti i giornali e le riviste di attualità utilizzano prevalentemente font serif per i loro contenuti editoriali. Font come Times New Roman, Courier e Century sono molto più leggibili di font come Arial o Helvetica.

Suggerimento 2: renda il suo titolo accattivante. Dovrebbe anche limitare il suo paragrafo introduttivo a una o tre righe.

Suggerimento 3: cerchi di limitare la lunghezza di tutti i paragrafi a 4-6 righe. La sua lettera deve avere un aspetto invitante e facile da leggere. Il suo potenziale cliente non sarà certo entusiasta di vedere paragrafi sgraziati con 9-11 frasi.

Suggerimento 4: vari la lunghezza dei tacchi per non diventare troppo noiosi.

Suggerimento 5: imposti il testo del suo scritto in 10-11 punti e utilizzi sottotitoli, punti elenco e altri dispositivi per catturare l'attenzione. Pensi sempre al gruppo target per cui sta scrivendo. Se sta scrivendo per un pubblico di 20 anni, molto probabilmente può anche usare un carattere da 10 punti. Se invece si rivolge al mercato 'adulto', dovrebbe utilizzare un carattere da 14 punti. I sottotitoli centrati ed evidenziati e altri elementi che attirano l'attenzione possono aumentare la lettura.

I sottotitoli, gli elenchi puntati, l'evidenziazione e altri dispositivi aggiungono fascino alla sua scrittura e aumentano la risonanza. Tuttavia, faccia attenzione a usare questi ausili con attenzione. Un uso eccessivo può rovinare il loro effetto complessivo.

Se prende a cuore questi 5 consigli, attirerà un maggior numero di occhi, garantirà un tempo di lettura più lungo, genererà più contatti e, infine, chiuderà più vendite.

Si ricordi sempre che la sua lettera è in competizione con decine di altre lettere di vendita che riceve ogni giorno, inviate da venditori che si contendono l'attenzione. Per distinguersi da questa confusione, la sua lettera di

presentazione deve essere eccellente, diversifi-
cata, competente e pertinente.

LE FRASI BREVI E POTENTI MIGLIORANO L'IMPATTO DELLA SUA LETTERA DI VEN-DITA?

Uno slogan è un "sostantivo, solitamente ripe-titivo e persuasivo, che è una frase, un motto o un jingle accattivante che esprime un obiettivo o un concetto specifico. Un concetto progettato per rimanere impresso nella mente del pubblico come la colla sulla carta".

Cosa rende uno slogan memorabile? Il primo aspetto da considerare è la concisione - di solito 10 parole o meno. Lo slogan deve seguire un certo ritmo.

In secondo luogo, quali sono i vantaggi dell'utilizzo degli slogan? Come già accennato, la brevità soddisfa le esigenze del mondo di oggi, che è sempre più frenetico. Gli slogan inoltre manipolano le decisioni, persuadono e creano fiducia. Uno slogan di solito rende più

facile per il potenziale cliente ricordare e identificare un prodotto o un servizio.

Frasi semplici e potenti motivano i sentimenti dei suoi clienti e creano una decisione
emotiva di acquistare da lei. Può aumentare le
vendite utilizzando frasi potenti nelle sue lettere di vendita.

Una formulazione forte aiuta il suo cliente
a immaginare come si sentirà quando possie-
derà il suo prodotto o utilizzerà il suo servizio.
Crea una sensazione immaginaria e motiva il
cliente a trasformare quella sensazione in realtà. Le parole forti aumentano il desiderio del
cliente per il suo prodotto o servizio e portano
a una decisione d'acquisto emotiva.

Creare una frase di potere è semplice. Inizi
a registrare alcuni dei vantaggi chiave che i
suoi clienti riceveranno se sceglieranno di acquistare da lei. Poi metta insieme alcune parole
d'azione potenti su uno o più di questi vantaggi
in una breve frase.

Di seguito, alcuni esempi di frasi di potere
utilizzate da diversi tipi di aziende:
"Veloce! Semplice! Conveniente!"
"Le assicuro che otterrà un risultato immediato
con il mio prodotto".

Presti attenzione alle parole utilizzate nelle due imprecazioni qui sopra. Le imprecazioni utilizzano parole efficaci per fare affermazioni forti.

Le frasi di potere più efficaci di solito combinano 3 parole o 3 gruppi di parole in fila. Prendiamo ad esempio:

"Risparmia tempo. Risparmia denaro. Risparmia problemi".

"Veloce! Semplice! Conveniente!"

"Lo goda a casa, in ufficio o in auto".

"Autorità, potere e slancio!"

Esistono cinque tipi principali di slogan:

o **Una caratteristica**: una peculiarità o una differenza tra una sostanza, un prodotto o un oggetto. Esempio: "Scrivere un e-book in 10 giorni".

o **Un beneficio**: un risultato che qualcuno ottiene. "Lo consideri come un risparmio di [tempo o denaro]".

o **Una domanda: uno** spunto di riflessione. "Le piacerebbe guadagnare denaro senza dover investire un solo centesimo?".

o **Una sfida**: una prova di coraggio. Esempio: i marines - "Stiamo cercando alcuni uomini eccezionali".

o **Una struttura**: un progetto che può essere messo insieme per uno scopo specifico.

Ci sono sette modi per rendere uno slogan memorabile:

o Lo renda eccitante

o Essere arrogante

o Autoreferenzialità

o Figurativo, giocoso o umoristico

o Ispirare o motivare

o Creare ricordi dolorosi

o Uso di un linguaggio drammatico

Gli slogan di vita aiutano a rafforzare gli obiettivi e i sogni e persino a cambiare le convinzioni. Negli affari, gli slogan sono solitamente utilizzati per l'autopromozione, le presentazioni, i siti web, le firme delle e-mail e persino i discorsi. Si inventi qualcosa, utilizzi uno slogan in ciascuno dei suoi processi di vendita e di marketing e lo cambi regolarmente, se necessario.

Da dove si inizia a sviluppare gli slogan? Legga tutti i suoi appunti o materiali. Enfatizzi le frasi che contengono molta energia. Le rime aiutano a creare slogan eccellenti. Legga poesie per trovare indizi o linguaggio che la influenzano o la ispirano.

PERCHÉ ALCUNE LETTERE DI VENDITA VENGONO ACCOLTE MALE

Qualsiasi consulente può dirle che esistono numerosi modi per perdere una vendita anche quando si è sicuri di vincerla. Il più delle volte, la scappatoia si trova nella lettera di vendita stessa. La maggior parte dei venditori sbava quando i clienti chiedono dei preventivi. Dopo tutto, è emozionante presentare i propri prodotti ad un potenziale cliente, convincerlo e poi concludere l'affare. Ma non è così facile creare un'offerta impressionante, e il processo richiede molto tempo ed energia.

Di seguito sono riportati alcuni dei motivi per cui una lettera di vendita perde vendite e come evitarlo.

1. Non faccia la parte del custode solitario

Alcuni fanno ricerche approfondite sul cliente e sul progetto e pensano che sia più che sufficiente. Poi si siedono e creano la loro proposta in modo isolato. Questo è un grave errore. Non si può semplicemente creare una proposta se il cliente non è coinvolto attivamente in ogni fase del processo di proposta, compresa la ricerca, gli obiettivi, i benefici potenziali, l'ambito, l'approccio e così via.

2. Non inizi con le sue qualifiche

Non inizi la sua offerta con la grande storia della sua azienda. I suoi clienti sono interessati a ciò che lei può effettivamente fare per loro. Cominci il suo primo paragrafo con il programma e non con la sua grandezza.

3. Non trascuri la Sinossi Esecutiva

Molti decisori sono infastiditi da due cose in particolare: il riassunto e il prezzo. Eppure è sorprendente che alcuni venditori non includano i riassunti nelle loro lettere di vendita. I decisori si affidano al riassunto per assicurarsi che lei capisca cosa sta cercando di ottenere. Se omette il riassunto, può essere certo che la sua lettera finirà nel cestino.

4. Non si concentri solo sui suoi strumenti

I clienti sono interessati solo al risultato, non agli strumenti, ai metodi e agli approcci che lei utilizza per raggiungere il risultato. Non parli di come farà questo e quello. Dica loro cosa può fare e quanto velocemente. Il "come" potrà essere discusso in un secondo momento, quando avrà ottenuto il progetto.

5. Breve e dolce

Le ricerche dimostrano che, quando le viene data la possibilità di scegliere, i clienti sono più propensi a prendere in considerazione un'offerta più breve piuttosto che perdersi in una lunga e tortuosa lettera di vendita piena di grafici e formulazioni standard. Mantenga le sue offerte il più brevi possibile, ma si assicuri di soddisfare le esigenze dei suoi clienti.

6. Non utilizzi lo stesso CV

Ogni situazione è diversa dall'altra in qualche modo. Quindi non può presentare lo stesso CV a tutti. Prepari diversi modelli. Personalizzi il suo CV per ogni cliente. Faccia conoscere ai clienti le sue diverse esperienze.

7. Non sovraccarichi la sua offerta con gergo

La maggior parte delle lettere di vendita sono piene di gergo e di parole tecniche. Un linguaggio così fiorito può essere adatto ai libri di testo, ma di solito scoraggia il cliente. Cerchi di utilizzare un linguaggio semplice e informativo.

8. Non tagliare e incollare

Per risparmiare tempo, alcune aziende credono nella sindrome del taglia-e-incolla. E qual è il risultato? Il cliente riceve l'offerta di un'azienda con il nome e l'indirizzo di un'altra o viceversa. Esamini attentamente la lettera di presentazione prima di inviarla al cliente o di pubblicarla sul suo sito web. Si risparmi l'imbarazzo.

9. Sia puntuale

Non cerchi di bluffare i suoi clienti. Se non ha rispettato la scadenza per la presentazione della proposta di vendita, sia onesto e chieda una proroga. Non cerchi di trovare scuse assurde.

Una proposta brillante può essere cruciale per vincere un progetto; una cattiva proposta può farle perdere l'occasione, anche se le altre cose del processo di vendita sono andate alla perfezione. Cerchi quindi di evitare gli errori di base sopra menzionati.

QUALI SONO GLI ERRORI FA-TALI NELLE LETTERE DI VEN-DITA?

Se vuole avere successo, il potenziale cliente deve aprire, leggere, credere e rispondere alla sua lettera di vendita. Per raggiungere questo obiettivo, deve suscitare interesse e creare un desiderio per il suo prodotto o servizio.
Una lettera di vendita di successo deve ottenere lo stesso risultato di un venditore di successo. Come un venditore, anche la lettera di vendita deve evitare alcuni errori.

Ecco alcuni errori fatali che la maggior parte delle lettere di vendita commette.

Errore letale della lettera di vendita n. 1 - Non cerchi di utilizzare i mailing di massa. Lei sta inviando la sua lettera di vendita come un bulk mailer. Ma il destinatario non apprezzerà questo fatto. Nel momento in cui si accorgerà che si tratta di uno di quei mailing di massa, lo cancellerà.

Se scrive con una 'mentalità di branco' invece di concentrarsi su un singolo prospect, danneggia la possibilità che la sua scrittura crei una connessione reale con il lettore.

La lettera di vendita è l'unico strumento di marketing che funziona da persona a persona. Quindi, la renda il più personale possibile.

Errore fatale n. 2 - Non scrivere lettere lunghe e noiose. Cosa pensa che sia una lettera lunga? Anche una lettera di una pagina può sembrare lunga. Questo perché non è la lunghezza ad essere lunga, ma il contenuto della lettera.

Le persone guardano film lunghi, leggono libri lunghi e così via. Ma solo se sono interessanti. Se ci si annoia in continuazione, è molto probabile che si finisca nella pattumiera più vicina.

Offra un prodotto o un servizio adeguato ad un prezzo ragionevole e lo presenti in modo interessante. Metà della battaglia è vinta.

Errore fatale n. 3 - Non si limiti a un tedesco grammaticalmente corretto e formale. A scuola, i suoi insegnanti e professori erano pagati per correggere il suo lavoro secondo le regole formali della grammatica. Ma nella realtà, il gioco è completamente diverso.

Dovrebbe scrivere la sua lettera in un linguaggio 'ordinario' e informale, per renderla più facile da usare. Potrebbe dover infrangere alcune regole grammaticali. Potrebbe dover iniziare le frasi con "e" o "ma". Potrebbe dover utilizzare abbreviazioni e frammenti di parole. L'obiettivo principale di una lettera di vendita non è ottenere un voto 1, ma generare vendite.

Errore fatale n. 4: non permetta al lettore di trovare una scusa per non leggere il suo scritto. In realtà, a nessuno interessa chi è lei o quale prodotto o servizio offre. Sono interessati solo al modo in cui possono trarre beneficio da lei.

Quindi deve catturare l'attenzione nei primi 20 secondi o anche meno. Inizi con una frase o uno slogan provocatorio. Cerchi di fare appello alle emozioni. Il suo obiettivo deve essere quello di catturare l'attenzione del potenziale cliente.

Errore mortale n. 5: non presenta le sue credenziali in modo adeguato.

Le prove che cita nella sua lettera di presentazione a sostegno del suo pedigree possono assumere forme molto diverse. Per esempio:

Includa testimonianze di persone che hanno utilizzato e beneficiato del suo prodotto o servizio. Le includa sotto forma di storie. Per rendere le testimonianze ancora più significative, includa le foto dei suoi clienti con i loro nomi, indirizzi e numeri di telefono. La maggior parte dei lettori non chiamerà per informarsi. Ma se include i numeri di telefono, aumenta la sua credibilità.

QUALI SONO LE INSIDIE DI UN APPROCCIO "WHAT IF"?

"E se potessi mostrarle come risparmiare denaro anche se non sta riducendo le sue spese quotidiane?".
"E se le dicessi che può aumentare la sua quota di mercato in 3 mesi?".
"Che ne dici se ti faccio perdere peso in poco tempo?".

Ma cosa succede se lei è un potenziale consumatore che ha già sentito queste affermazioni "false"? Pensa che allora avrà una motivazione sufficiente per acquistare?

Le pratiche di vendita schematiche raramente hanno successo quando si tratta di affrontare la resistenza dei clienti, e non hanno davvero posto nel mondo della vendita competente.

Il vero metodo consiste nel rimuovere la resistenza dei suoi potenziali clienti già durante il processo di vendita. Ciò significa porre le domande giuste fin dall'inizio e adattare il suo prodotto o servizio in modo che risolva il problema.

È vero che molte persone si opporranno all'acquisto dei suoi prodotti. Il modo migliore per uscire da questa situazione è chiedere le loro reali esigenze, cercare di valutare i loro problemi e offrire loro un prodotto o un servizio che sia effettivamente vantaggioso per loro. E per questo, deve trascorrere molto tempo con loro.

Deve porre domande di alto livello che facciano riflettere il cliente. Questo può sembrare molto semplice, ma in realtà è molto complicato, perché le domande stimolanti sono difficili da porre. Molti venditori considerano questo tipo di domande personali e spesso presumono che i loro clienti non saranno entusiasti di rispondere.

È importante ricordare che la maggior parte delle persone pone domande difficili e di conseguenza non ha alcuna incertezza nel rispondere. Al contrario, questo migliorerà la sua posizione ai loro occhi.

Può fare domande come:

o Quali sono i suoi obiettivi a breve termine?

o Come intende raggiungere questi obiettivi?

o Quali difficoltà incontra nel raggiungere questi obiettivi?

Il suo obiettivo fondamentale in questa conversazione è scoprire quale problema ha il potenziale cliente e come lei e il suo prodotto o servizio potete risolverlo.

Non scappiamo dalla verità. Gli acquirenti di oggi sono molto più complicati che in passato e molto probabilmente hanno già sentito tutto quello che lei vuole dire. E detestano le persone che utilizzano frasi cliché e tradizionali o approcci manipolatori.

La maggior parte delle persone esprime alcune obiezioni in merito ad una decisione di acquisto. Ad esempio, le vendite avvengono perché il cliente riconosce il valore del suo prodotto o servizio, oppure perché lei ha dimostrato di essere uno specialista in grado di aiutarlo a risolvere un problema.

La domanda "E se potessi" non è un'anticipazione di successo. È un cliché e difficilmente funziona al giorno d'oggi.

COSA FARE SE NON RIESCE A SCRIVERE UNA LETTERA DI VENDITA?

Vuole scrivere una lettera di vendita, ma non riesce a trovare le parole giuste. Pensa e ripensa e ripensa, ma senza successo. Che cosa fa adesso?

È una situazione davvero fastidiosa e può capitare a tutti noi in qualsiasi momento. Ma c'è un buon modo per far scorrere il succo creativo.

Fai delle domande
Conosce davvero il suo prodotto?
Supponiamo che lei stia vendendo un tapis roulant. Deve sapere come ci si sente ad usarlo.

Quando è possibile utilizzarlo? Quali sono le limitazioni e gli effetti collaterali?

Quando conosce e apprezza il suo prodotto, sente il bisogno di parlarne al mondo intero. Di lodarlo. Di amarlo. Di metterlo in mostra.

Con questo, il primo ostacolo è superato. Ora che conosce il prodotto e se ne è innamorato, può descriverlo.

Poi scriva le ragioni e il modo in cui la aiuterà, se mai lo farà. Mi semplificherà la vita? Aggiungerà valore? Risolverà un problema? Inoltre, è troppo costoso? È troppo brutto? E così via.

Elenchi tutto: il buono, il cattivo e anche il brutto.

Deve scoprire il motivo per cui le persone comprano da lei, in primo luogo.

Cosa c'è di così unico nel suo prodotto o servizio? Il modo migliore per farlo è fare un brainstorming.

Presto le arriveranno così tante opinioni che non riuscirà a starle dietro. Continui il processo fino a quando non avrà esaurito tutte le idee.

Quando ha finito, non deve fare altro che guardare i suoi appunti e fare un elenco di tutte le idee spettacolari che ha. Le elenchi in ordine di priorità.

Ora ha la bozza della sua lettera.

Utilizzi la base più importante dell'elenco, il motivo principale per cui qualcuno dovrebbe acquistare il suo prodotto, e lo trasformi in un titolo meraviglioso.

Lasci che le idee dell'elenco confluiscano nella sua lettera di presentazione e utilizzi i sottotitoli o le evidenziazioni se desidera sottolineare un punto. Presto la sua lettera sarà quasi scritta da sola.

Quando scrive la sua lettera, si ricordi di scriverla a una persona alla volta. La renda speciale!

LA DIFFERENZA TRA UNA LETTERA DI VENDITA E UNA PUBBLICITÀ

I termini pubblicità e lettera di vendita vengono spesso confusi. Entrambi vengono utilizzati per attirare nuovi clienti o per vendere un prodotto o un servizio. Ma ci sono differenze significative nel loro funzionamento.

Una lettera di vendita è una forma di pubblicità più individuale di qualsiasi pubblicità. Un'inserzione su una rivista o un giornale è vista da migliaia o addirittura milioni di lettori. Una lettera di vendita è riservata agli occhi del lettore. Anche se le lettere pubblicitarie sono spesso stampate in grandi quantità, il lettore percepisce la posta come più personale rispetto ad un annuncio su un giornale o una rivista.

A differenza di una pubblicità, una lettera di vendita è più personale, informale e calda. Trasmette un tono disinvolto e naturale. In questo modo, il lettore percepisce meglio il carattere, l'interesse e la serietà di chi scrive.

L'ATTENZIONE È FONDAMEN-
TALE

Per qualsiasi marketer, l'attenzione è un bene prezioso. Con i consumatori bombardati da migliaia di invii di direct mail ogni giorno, la sfida di come far risaltare il suo messaggio dalla massa diventa ancora più grande.

Ogni lettera di vendita di successo deve raggiungere due obiettivi:

1. Deve convincere il potenziale cliente a leggere l'intera lettera.

2. Deve convincere il potenziale cliente a compiere l'azione desiderata.

Se il marketer non ha raggiunto la fase 1, la fase 2 è impossibile.

Molti marketer cercano di rendere la busta molto attraente. Sanno che la loro battaglia è già mezza vinta se riescono a convincere il potenziale cliente ad aprire la lettera.

Per i marketer online, non c'è la prospettiva di una busta. Alcuni webmaster creano immagini flash per attirare i lettori.

Suggerimenti per ottenere maggiore attenzione:

1. Diversi test hanno dimostrato che un titolo ROSSO ha maggiori probabilità di essere notato rispetto a qualsiasi altro colore di carattere. Il colore rosso è spesso associato al pericolo, ma significa anche "Questo è importante. Leggimi!".

2. Rimuova dalla pagina tutto ciò che non supporta o distrae dal messaggio di vendita. Questo include la maggior parte della grafica animata e i colori intensi per lo sfondo della pagina che

competono con il testo in primo piano. Non c'è nulla di sbagliato in un semplice carattere nero su sfondo bianco. Se riesce a limitare il numero di colori utilizzati a tre o meno, anche questo contribuisce a rendere il documento di facile lettura.

3. Non renda il testo troppo ampio, altrimenti diventa monotono leggere da una riga all'altra, perché sono necessari troppi movimenti della testa e degli occhi.

4. Il titolo deve essere accattivante e interessante e deve catturare immediatamente l'attenzione del lettore.

5. Il formato e il layout della lettera di presentazione devono essere accattivanti. Un'evidenziazione appropriata, il grassetto, i punti elenco e i sottotitoli rendono la lettera facile da leggere.

6. Renda la lettera molto invitante e attraente.

7. La lettera deve invitare l'utente a continuare a leggere. Deve fare in modo che il potenziale cliente continui a leggere.

8. Sia ESCLUSIVO. Se tutte le lettere di vendita del suo settore hanno lo stesso aspetto e la stessa lettura, perché un potenziale cliente dovrebbe leggere la sua? Può utilizzare mascotte, umorismo, cartoni animati e così via.

9. Concentri il suo messaggio sul lettore, non sulla sua azienda o sul suo prodotto. Questo è un grave errore commesso dalle grandi aziende che pensano che tutti debbano sapere quanto siano grandi le loro aziende. Ma il suo potenziale cliente è essenzialmente guidato da desideri egoistici. Ha bisogno di sapere cosa ci guadagna.

UNA RAPIDA LEZIONE SU COME SCRIVERE LETTERE DI VENDITA SU IN MODO CHIARO

Che tipo di lettera di vendita viene letta? Quale tipo di lettera di vendita promuove le vendite? Quale lettera di vendita mantiene l'interesse del lettore fino all'ultima parola?

Direi che ha a che fare con il "tono da chiacchierone" della lettera di vendita. Si sente come se fosse a casa di un buon amico che le dà consigli davanti a una bevanda rinfrescante e a uno spuntino. Si sente rilassato e a suo agio. Quindi, come si fa a creare un tono colloquiale?

1) Utilizzi frasi concise. Quando parla con un amico, si esprima con frasi brevi. Non usi frasi lunghe, contorte e difficili, piene di gergo.

2) Utilizzi parole descrittive. Utilizzi parole che creino un'immagine nella sua mente. Lo descriva accuratamente. Crei un'immagine.

3) Scriva ciò che le viene dal cuore. Modifica quando parla con un amico? Raramente. Continui a scrivere ciò che le viene dal cuore.

4) Parli al suo potenziale cliente nella sua lingua. Parli di qualcosa a cui si possa riferire e che non sia gergale.

Provi e vedrà il cambiamento.

Alcuni consigli per formattare meglio la sua lettera di vendita

1. Il titolo deve essere memorabile e posizionato nella parte superiore della pagina, in modo che il lettore possa leggerlo senza scorrere.

2. Il colore migliore per il titolo è il ROSSO.

3. Aggiunga il suo nome nella parte superiore della pagina, prima del "testo di vendita" e alla fine del "testo di vendita".

4. Scannerizzi e incolli la sua firma reale.

5. Utilizzi i sottotitoli.

6. I sottotitoli devono avere lo stesso colore del titolo principale, ossia ROSSO.

7. Attiri l'attenzione sulle sue testimonianze inserendole in riquadri separati. Può anche utilizzare un colore diverso per le caselle.

8. Una buona testimonianza deve indicare esattamente cosa è piaciuto al cliente soddisfatto del suo prodotto, servizio, ecc. Evidenzia la cosa speciale che è piaciuta alla persona.

9. Cerchi di non mettere il prezzo in rosso, perché il rosso significa stop. Questo può andare bene per il titolo, ma non per il prezzo.

10. I bonus devono essere correlati alla sua offerta.

11. Evidenzi le parti importanti della sua lettera di presentazione.

12. Utilizzi un metodo di pagamento che gode di una certa credibilità e accettazione, e ancora meglio: offra diversi metodi di pagamento.

13. Proprio come sulla carta, le note adesive sul suo sito web catturano l'attenzione dei suoi visitatori per pochi secondi. Faccia in modo che quei secondi lavorino per lei.

14. Utilizzi lo spazio bianco per rompere il disordine. Dare all'occhio una pausa.

15. Il carattere e il colore scelti devono essere leggibili e accattivanti.

16. Una lettera di vendita dovrebbe sempre contenere un invito all'azione. Indichi come vuole che il suo potenziale cliente agisca. Non dia per scontato che lo sappia già.

COSA È MEGLIO: UNA LETTERA DI VENDITA LUNGA O BREVE?

Una lettera di vendita lunga porta più vendite di una breve? In effetti, lungo o corto è relativo. L'obiettivo fondamentale è essere interessanti. Se la lettera di vendita è interessante, può vendere il suo prodotto o servizio, indipendentemente dal fatto che sia di una pagina o di 24 pagine.

È stato dimostrato che una lettera di vendita lunga e interessante converte sempre un maggior numero di potenziali clienti in clienti acquirenti.

Perché? Una lettera di vendita lunga e interessante dà al lettore la sensazione di trovarsi con un amico. Risveglia una sensazione di connessione che si approfondisce man mano che la lettera procede. Gli parla come se lo conoscesse e si preoccupasse per lui. Crea un legame.

La sua lettera deve identificarsi con i suoi potenziali clienti e cercare di individuare le loro reali esigenze. La lettera deve far sentire loro che lei entra in empatia con il lettore e riconosce il loro problema.

Dovrebbe far sentire loro che lei si preoccupa davvero di loro.

Questo crea una sensazione di fiducia. Il potenziale cliente ha la sensazione che lei comprenda sicuramente i suoi problemi e attende con impazienza la sua soluzione.

La sua lettera deve essere personalizzata per ogni potenziale cliente. Eviti la "mentalità di massa".

La fiducia è l'emozione più importante che deve ottenere. Una volta che i suoi potenziali clienti si fidano di lei, non solo acquisteranno il suo prodotto o servizio, ma lo consiglieranno volentieri ad altri. Il passaparola è un altro prezioso strumento di marketing.

Quindi, utilizzi testi lunghi e interessanti per la sua lettera di presentazione.

DEVE SEMPRE USARE IL TE-DESCO CORRETTO?

Molti copywriter credono di dover sempre utilizzare un'ortografia corretta e un tedesco raffinato quando scrivono lettere di vendita. Tuttavia, non è sempre così. Il copywriting ha ben poco a che fare con la "scrittura corretta".

Solo una piccola parte dell'intero processo di scrittura riguarda la "scrittura vera e propria". Si tratta essenzialmente di come la formatta e di come presenta le informazioni al suo potenziale cliente.

Per esempio: Cosa succederebbe se le inviassi una lettera scritta con un programma di videoscrittura obsoleto e non funzionante, che contiene tutti i tipi di errori grammaticali. E la lettera direbbe: "Dietro tutti questi errori di battitura, ti ho scelto in una lotteria per darti un milione di euro come premio". Le interessano gli errori e i refusi? No. Ora sta galleggiando sulle nuvole della gioia.

D'altra parte, supponiamo che io scriva una lettera perfetta sulla carta migliore. Nessun errore ortografico o grammaticale. Ci spruzzo anche un po' di profumo. Ma alla fine, faccio del mio meglio per venderle un edificio vecchio e fatiscente in periferia. Le interessa ora? Oh no.

Non è importante il modo in cui si esprime, ma quello che si dice.

La conclusione è: ci possono essere delle eccezioni, ma la verità rimane che se si concentra sulla distribuzione delle sue offerte con una proposta veramente irresistibile a persone che hanno già dimostrato di essere interessate a prodotti o servizi simili ai suoi, le sue possibilità di chiusura sono molto più alte rispetto a chi si rivolge solo a persone semi-interessate o non interessate con una lettera di vendita perfettamente scritta.

UN MOSTRO DI LETTERA DI VENDITA

Nella maggior parte dei casi, i marketer producono i propri mostri nelle loro lettere di vendita (proprio come il dottor Frankenstein).

Le lettere di vendita funzionano meglio quando ha qualcosa da vendere. Fondamentalmente, si riduce a risposte come questa: cosa può fare esattamente per me? Perché pensa che dovrei spendere il mio tempo prezioso per leggere una sua lettera? Rapidamente ... convincermi che ho bisogno del prodotto o del servizio che mi sta offrendo.

Quando crea una lettera di vendita migliore, inizia a non usare la testa sbagliata come il nostro dottor Frankenstein, ma la testa giusta.

L'intestazione giusta può fare o distruggere la sua lettera di vendita. Si concentri con decisione sul suo mercato di riferimento. Affronti un grande problema del suo pubblico di riferimento (supponendo che lei abbia la risposta). Se può farlo attraverso un abile gioco di parole, allora dovrebbe farlo; ma se il gioco di parole non fa per lei, allora si attenga a un testo semplice e diretto. Non esiste una misura perfetta della lunghezza delle headline, ma non abusi delle parole. Si limiti a una frase.

Una volta che ha catturato i lettori con il titolo, non li lasci scappare. Come abbiamo già visto, il P.S. è una delle parti più importanti della sua lettera. Quindi non sprechi il suo P.S. con parole inutili.

Dica qualcosa che incoraggi il lettore a tornare all'inizio della lettera e a continuare a leggere.

Anche il primo paragrafo è molto importante, quindi vada dritto al punto. Mostri il cuore della sua offerta. Faccia capire quale fortuna guadagnerà o quanto sarà confortevole la sua vita o quanto è pratica la sua offerta e così via.

Se riesce a coinvolgere il lettore con il primo paragrafo e a suscitare il suo interesse, lasci che il resto della lettera risponda alle domande di base e affronti le preoccupazioni generali che il lettore potrebbe avere. Visto che ha lavorato tanto, sarebbe un peccato perderlo a causa di problemi tecnici.

Riempia il corpo della sua lettera di benefici, non solo di caratteristiche. I suoi vantaggi e le sue caratteristiche devono essere in grado di rispondere a tutte le domande "E allora?" e "Perché lei?".

Parli al suo gruppo target nella sua lingua. Scriva in modo informale. Faccia domande e risponda. Renda la lettera il più possibile chiara e concisa. Utilizzi l'umorismo quanto vuole, ma si assicuri che non le si ritorca contro. I lettori non devono fraintendere le sue intenzioni in nessun caso.

Tutti hanno molta pressione sul tempo. Ma cosa si può fare? Deve solo raggiungere i lettori nel mezzo. Utilizzi il grassetto e l'evidenziazione per evidenziare determinate informazioni. Questo cattura l'attenzione dei lettori e li incoraggia a continuare a leggere.

Ora ha sottolineato più volte la bontà del suo prodotto e dei suoi servizi. Ma perché le persone dovrebbero crederle? E cosa deve fare adesso? Semplice. Includa alcune testimonianze di clienti soddisfatti. Lasci che siano loro a dire ai suoi potenziali clienti quanto sono buoni i suoi prodotti o servizi. Le testimonianze sono uno strumento di vendita influente che convalida le sue affermazioni come vere.

Una volta chiariti tutti i dubbi e le domande possibili, è il momento di mettere di nuovo in mostra il suo lato migliore. Esamini la sua offerta. E se può, offra una garanzia di prestazione. Quando offre una garanzia, riduce la diffidenza associata all'acquisto del suo prodotto o servizio. I consumatori sono piuttosto diffidenti, e questo è ancora più vero quando fanno acquisti su Internet. Le garanzie le conferiscono un'affidabilità quasi immediata con i potenziali clienti. Le garanzie aumentano il valore percepito.

Quando ha finito di scrivere, se ne dimentichi per un po'. In questo modo potrà essere più pratico nella revisione della lettera.

Prima di spedire il suo mailing, faccia un test di mercato. Lo regoli in base alla sua risposta. Poi segua le reazioni per ottimizzare ulteriormente sia la lettera che il suo pubblico target.

Una lettera di vendita non soddisferà mai tutte le sue aspettative. Si dedichi alle altre attività di marketing e non dimentichi di seguire rapidamente i contatti generati dalla sua lettera di vendita.

La metta insieme con cura e abilità. Una buona lettera di vendita spinge il suo pubblico ad avere una reazione positiva nei suoi confronti.

Il suo stampatore può aiutarla a creare tatticamente una campagna di stampa variabile che sfrutti la personalizzazione. Per farlo, deve riconoscere il valore di una buona stampa. Ciò significa che deve utilizzare una buona stampante e una buona carta. Anche se il costo effettivo di ogni mailing è più alto, il miglior rendimento di ogni mailing in qualsiasi momento si tradurrà in un maggior ritorno sull'investimento. In conclusione, una buona stampante aziendale può aiutarla a raggiungere facilmente i suoi obiettivi di aumento delle vendite.

Crei un budget ragionevole. Cerchi di controllare i costi in altri modi. Ma cerchi di non utilizzare carta di bassa qualità e inchiostro scadente. Questo peggiorerà l'impressione del lettore. Fondamentalmente, ciò che conta è il contenuto della lettera di vendita e non la brillantezza esterna. Allo stesso modo, una buona carta e un buon inchiostro lucido aumenteranno notevolmente le possibilità che il suo potenziale cliente legga la lettera.

È VERO CHE LE BUONE LET-TERE DI VENDITA SONO COME I BRAVI VENDITORI ?

Lo veda lei stesso. Per prima cosa la confronti con gli annunci sui giornali che vengono pubblicati per i venditori. Le qualità che i datori di lavoro cercano nei venditori sono le stesse che lei dovrebbe cercare in una lettera di presentazione.

1. È una persona che si mette in proprio?

I migliori venditori hanno bisogno solo di una guida minima. Sono auto-ispirati. Allo stesso modo, la sua lettera di vendita deve funzionare da sola. Se vuole che il suo potenziale acquirente si basi sulla lettera, la sua lettera di presentazione deve includere tutti i vantaggi, le caratteristiche, le promesse di vendita, le prove e le garanzie necessarie per chiudere la vendita.

2. Ha un'esperienza precedente?

I migliori venditori imparano dai loro errori. Lo stesso vale per le sue lettere di vendita. La lettera che vuole inviare deve essere testata per assicurarsi che la lista, l'offerta, l'introduzione e il momento siano ottimali.

3. Sa lavorare bene sotto pressione?

Il suo interlocutore è impegnato e non si concentra. Molto probabilmente la sua lettera verrà percepita come un disturbo. Si assicuri quindi che la sua lettera catturi la concentrazione del suo interlocutore e contenga la sua proposta di vendita.

4. Ha eccellenti capacità di comunicazione?

Si assicuri che le sue lettere di vendita siano semplici e facili da usare. Dovrebbero parlare nel linguaggio comune delle persone.

5. È energico?

Le sue lettere di vendita devono avere una chiara vivacità.

6. Ha comprovate capacità organizzative?

Una lettera di vendita deve essere organizzata e strutturata.

7. È un giocatore di squadra?

A volte la sua lettera di vendita non è in grado di lavorare da sola. Ad esempio, se la sua lettera di presentazione mira a generare un lead e non una transazione, probabilmente dovrà collaborare con altri attori, come annunci di stampa, telemarketing, cartelloni pubblicitari, eccetera, per raggiungere l'obiettivo desiderato.

Deve assicurarsi che il contenuto della lettera di presentazione sia equivalente agli altri strumenti di marketing.

8. Ha ottime capacità di trattare con i clienti?

È vero che le lettere di vendita sono una conversazione a senso unico, ma può scriverle in modo da farle sembrare più una conversazione a due, vero? Più le sue lettere hanno un tono caldo, umano e genuino, meglio è.

9. Solo i candidati seri devono candidarsi

Prepari e invii una lettera di vendita solo se offre seriamente una promessa e intende mantenerla.

10. Come un buon venditore, una buona lettera di vendita deve sempre porre domande chiuse, perché le consentono di ottenere risposte specifiche e di chiudere la vendita. Le domande chiuse iniziano con i verbi, ad esempio "sono", "saranno", "è", "hanno", "non sono", "non hanno" e "non saranno". Si risponde con un "sì" o un "no". Di solito si utilizza questa tecnica quando si vuole dare impulso alla conversazione e ottenere risposte precise che la porteranno a concludere l'affare.

Può anche porre domande più specifiche, come "Si rende conto di avere un problema?", "Prenderà questa decisione entro quindici giorni?", "Le piace il mio prodotto o servizio?", "Vuole iniziare subito?" o "È soddisfatto del suo attuale fornitore?". Queste domande costringono il potenziale cliente a prendere una decisione.

Ponga sempre domande chiuse con un tono di voce affettuoso, amichevole e curioso. Sia sempre ben educato e amichevole. Non deve mai usare la forza o lo sfruttamento. Questo non funziona mai. Al contrario, ha un effetto negativo sulla sua causa. Perde credibilità.

LE DIECI REGOLE FONDAMENTALI PER SCRIVERE UNA BUONA LETTERA DI VENDITA

Per molte piccole imprese, la lettera di vendita è l'unico strumento di marketing. Forse non dispone di un budget per altro. Ma una lettera di vendita accuratamente realizzata può avere un effetto magico sulle vendite e sui profitti. Segua alcune delle linee guida qui di seguito e vedrà i suoi profitti salire alle stelle.

o **Deve sempre rispondere ai desideri, alle esigenze e alle richieste dei suoi potenziali clienti**. Si metta nei panni del potenziale cliente prima di scrivere una lettera di vendita. Si ricordi che nella lettera cerca la seguente domanda: "Cosa c'è esattamente per me?". Quindi, dica loro cosa c'è per loro.

o **Eviti la mentalità della massa. Scriva a persone specifiche.** Scriva a una persona reale e viva. Scriva la lettera come se stesse scrivendo a un singolo amico e non a migliaia di persone.

o **Le persone acquistano benefici, non caratteristiche.** Dovrebbe iniziare a distinguere i benefici dalle caratteristiche. La lettera di vendita deve essere in grado di convincere il lettore ad acquistare i suoi prodotti sulla base dei benefici che il prodotto/servizio offre, non delle caratteristiche. È il beneficio che gli acquirenti acquistano, non la caratteristica in sé.

o **Catturi i suoi lettori con la prima riga**. Deve competere con diverse e-mail non richieste in qualsiasi momento. Per questo motivo, la sua lettera deve essere chiara e accattivante. Il titolo deve indurre il lettore a leggere la prima riga, la prima riga deve indurlo a leggere la seconda riga e così via.

o **Fornisca al lettore informazioni specifiche e pertinenti.** Non si dilunghi in dettagli infiniti su un prodotto o un servizio.

Non giri in tondo. Fornisca vantaggi concreti e dica come la vita del lettore viene facilitata dai vantaggi offerti.

o **La sua lettera di vendita deve vendere**. L'obiettivo fondamentale della sua lettera di vendita è vendere, non è vero? Deve vendere. E per vendere, deve essere scritta con un tono divertente. Si rivolga al suo potenziale cliente in modo chiaro e amichevole. Si astenga dall'abbellire il linguaggio e consideri facoltative le regole grammaticali di base.

o **Metta alla prova la sua lettera di presentazione**. Provi a chiedersi se, se qualcuno le scrivesse la stessa lettera, sarebbe così convinto da spendere i suoi soldi guadagnati con fatica.

o **Faccia in modo che la lettera di presentazione sia lunga quanto necessario**. Non c'è nulla che sia troppo lungo o troppo corto. La cosa più importante è il fattore di interesse. La lettera di presentazione deve essere interessante e accattivante.

o **Presti attenzione all'estetica**. Utilizzi caratteri e modelli di facile utilizzo che rendano il documento visivamente attraente. Utilizzi punti elenco ed evidenziatori per aumentare la chiarezza. Cerchi di non concludere nessuna pagina, tranne l'ultima, con una frase completa. Molti giornali utilizzano questa tattica. Se non termina la pagina con una frase completa, il lettore passerà automaticamente alla pagina successiva per completarla.

o **Dica al lettore esattamente cosa fare**. Cosa deve fare il lettore dopo? Deve inviare un biglietto di risposta? O deve effettuare un ordine? O chiamare per avere maggiori informazioni? Prendere un appuntamento? Lo informi di conseguenza. Non dia per scontato che lo sappia già. È incredibile come molte lettere di vendita non informino il lettore del passo successivo. Si presuppone che il lettore sia un lettore di mente. Ma purtroppo non è così.

CINQUE UTILI SEGRETI DI UNA LETTERA DI VENDITA EFFICACE

La differenza tra una lettera di vendita media e una lettera di vendita efficace è il risultato che ottiene. Come spiegato in precedenza, non è troppo difficile scrivere una lettera di vendita da un milione di dollari. Basta seguire alcuni consigli e linee guida.

Ecco altri cinque segreti da insider per scrivere una lettera di vendita "da urlo".

1. Dedichi qualche ora al giorno per esaminare alcune delle lettere di vendita più efficaci di sempre. Cerchi di imparare le sottigliezze. Cerchi di vedere come utilizzano il titolo e come è strutturato il paragrafo introduttivo. Presti attenzione allo stile, alla struttura e così via.

2. Dovrebbe anche raccogliere tutte le migliori lettere di vendita che trova e crearne un quaderno. Poi, quando si siede per scrivere una

lettera di vendita, può sfogliare il suo quaderno di lettere di vendita per trovare idee per il suo progetto. Non copi queste lettere. Questo sarebbe considerato plagio. Prenda solo le idee di base e le inserisca nelle sue parole.

3. Effettui ricerche sui suoi potenziali obiettivi fino a conoscere tutto di loro. Deve conoscere i loro desideri, le loro aspirazioni, i loro sogni e le loro aspirazioni. Deve sapere cosa li motiva e cosa no. Quando saprà questo, sarà molto più facile per lei scrivere una lettera di vendita che abbia un impatto positivo su di loro. Le sue lettere devono essere personalizzate.

4. Impari a rilassarsi dopo aver fatto una ricerca sul suo potenziale cliente. Una volta terminata la ricerca sul cliente, se ne dimentichi per un giorno o due. Questo le permetterà di essere più pratico quando scriverà la lettera.

5. C'è solo un modo per scoprire se una lettera di vendita ha successo o meno. Deve essere messa alla prova. Deve inviarla a un certo numero di potenziali clienti per vedere se fa progressi.

fa o non fa. Se sì, allora è fantastico, se no, deve ricominciare da zero e accendere la sua mente.

LE LETTERE DI VENDITA CARICHE DI EMOZIONI AUMENTANO LE VENDITE?

È infastidito dal fatto che la sua lettera di vendita non venga ricevuta correttamente? Non sa come aumentare le vendite con la sua lettera di vendita?

Se la risposta alle domande precedenti è positiva, allora suggererei che la soluzione ai suoi scarsi risultati è contenuta in una sola ma potente parola: emozione. Come avrà capito, le decisioni di acquisto si basano sulle emozioni. La lettera di presentazione deve basarsi sui sentimenti del lettore e motivarlo ad agire. La lettera deve cercare di affrontare i "tasti caldi" o i punti di pressione emotiva che indurranno il lettore ad acquistare. I due principali motivatori sono la promessa di una vincita e la paura della perdita.

Quindi, come può incorporare più emozioni nelle sue lettere di vendita e quindi aumentare la vendibilità dei suoi testi? Ecco alcuni esempi.

1) Creare momenti Ach: cerchi di mettersi nella testa del lettore. Si concentri sul problema che ha il lettore. Gli mostri che a causa di questo problema è bloccato, irritato, preoccupato e incapace di soddisfare le sue reali esigenze. Deve suscitare il suo problema evidente e farlo sembrare peggiore di quanto non sia in realtà.

2) Storie che attirano l'attenzione: Le storie hanno un grande successo nel fare appello alle emozioni. Se vede un disastro, si sentirà infelice. Se vede un film di fantascienza, quasi certamente simpatizzerà.

Se guarda un film horror, si spaventerà. Quindi, includa nelle sue lettere storie che creino l'aspettativa di superare un ostacolo, evitare le difficoltà o raggiungere un obiettivo. Può anche includere storie su ciò che è accaduto a qualcuno che non ha provato il suo prodotto per risolvere il suo problema. Questo tipo di storia crea la paura della perdita, che è più forte nella maggior parte delle persone rispetto al desiderio di

for profit . Racconti una storia su una persona con cui i suoi lettori possono facilmente identificarsi.

3) Utilizzare le emozioni e non la logica: è vero che alcune parole scatenano emozioni più forti di altre. Dovrebbe analizzare il suo mercato target e scoprire a quali parole chiave rispondono effettivamente i suoi potenziali clienti. È importante notare che quasi ogni singola parola contiene una componente emotiva. Se la sua offerta è orientata al profitto, parole e frasi come "denaro", "arricchirsi velocemente", "milioni di euro" e "guadagnare da casa" stimoleranno i suoi lettori. Scelga cinque o sei parole chiave che evochino le emozioni desiderate nel lettore e le collochi abilmente nel testo di vendita per evocare una risposta emotiva.

Come ho detto prima, ci sono innumerevoli modi per portare l'emozione nella sua lettera di presentazione. Esiste una moltitudine di emozioni. Non può certo inserire tutte queste emozioni nella sua lettera di vendita. La maggior parte delle lettere di vendita si rivolge a una o due emozioni principali, per poi fare appello a qualche altra emozione. Più emozioni riesce a inserire nel testo, più la sua lettera sarà persuasiva.

La sua lettera di vendita deve spiegare metodicamente i vantaggi del suo prodotto o servizio. Allo stesso tempo, il suo prodotto o servizio deve risolvere un problema che i suoi potenziali clienti hanno riscontrato. In realtà, ogni lettera di vendita di successo deve soddisfare un bisogno reale.

La giusta lettera di presentazione deve creare fiducia fin dall'inizio e raccontare una storia motivante. Non si tratta di una garanzia di vendita immediata, ma dell'inizio di una relazione basata sulla fiducia.

Naturalmente, deve usare le emozioni in modo morale e ragionevole. Se intende usarle, rifletta un attimo e si chieda come reagirebbe se qualcun altro le rivolgesse questo tipo di comunicazione. Questo la aiuterà a decidere la sua linea d'azione. Il test marketing in ogni fase è importante per scrivere la lettera di vendita "perfetta".

QUALI SONO LE PAROLE CHE NON DOVREBBE MAI USARE IN UNA LETTERA DI VENDITA SU

Può accadere che, indipendentemente dal numero di offerte di vendita che invia, l'effetto sia nullo. Sa esattamente perché le persone non vogliono acquistare il suo prodotto? Si è mai chiesto perché i suoi concorrenti fanno più vendite, pur avendo un prodotto scadente da offrire?

Forse ritiene che le persone non siano interessate ad acquistare il suo prodotto o servizio. Potrebbe anche pensare che il suo prezzo sia troppo alto. O, peggio ancora, ritiene che il suo prodotto o servizio sia inutile e decide di smettere del tutto o forse di cambiare settore.

Qui deve fermarsi a riflettere un attimo. Forse non è il suo prodotto? A volte è la sua stessa lettera di presentazione a rivelarsi il principale colpevole. Forse ha involontariamente utilizzato alcune parole che hanno l'effetto opposto sul suo potenziale cliente.

Quindi, quali sono esattamente le parole cattive o sgradevoli che non dovrebbe assolutamente usare nella sua lettera di vendita?

1) **Acquisti.** Non chieda mai alle persone di tirare fuori il portafoglio e di spendere i loro sudati euro. Si ricordi che la maggior parte delle persone si insospettisce non appena vede questa parola. Indipendentemente dal settore in cui opera, l'uso di questa parola può uccidere la sua attività in pochissimo tempo. Invece di usare la parola "comprare", la cambi con "ottenere" o "investire".

2) **Apprendimento.** Questo termine ricorda sicuramente alle persone i vecchi tempi in cui dovevano imparare e studiare a scuola. Mi creda, nessuno è interessato a scervellarsi come quando era studente. Al giorno d'oggi, le persone vogliono informazioni rapide e non hanno tempo per studiare. È meglio usare la parola "scoprire" invece di "imparare".

3) **Lo dica.** Le persone non le presteranno attenzione se non riescono a identificarla. Guardi attentamente queste due frasi: "Voglio solo dirle come perdere peso in una settimana" e "Voglio dirle come perdere peso in una settimana". Quale frase pensa che avrà più impatto?

4) **Cose.** Se utilizza questa parola, la sua lettera di vendita sarà molto noiosa e poco interessante da leggere. Al posto della parola "cose"

dovrebbe cambiare con "consigli", "trucchi" o "tecniche". Mi creda, questo garantisce un atteggiamento migliore e più aperto.

5) Il prodotto. Questa è la parola che la maggior parte dei marketer usa per spiegare quanto sia fantastico il prodotto. Confronti queste due frasi: "Chiamateci per ricevere roba favolosa" e "Chiamateci per ricevere regali favolosi". Quale frase pensa che susciterebbe più risposte?

Ogni lettera di vendita contiene un certo vocabolario che dovrebbe innescare in lei l'impulso emotivo all'acquisto. Questo linguaggio deve essere usato con cura.

Guardi attentamente; nelle lettere di vendita che le vendono alcune imprese per fare soldi, si imbatterà in alcune parole come **"chiavi in mano"**. Questo significa che l'attività in cui sarà coinvolto è già pronta e che dovrà fare poco o niente per ottenere un profitto. Tuttavia, il più delle volte questa parola viene utilizzata nelle lettere di vendita per spiegare un software che deve ancora installare, imparare e utilizzare per apprezzare il servizio o il prodotto offerto. Questo non è corretto.

Faccia attenzione alle parole **"potrebbe"** e **"arricchirsi all'istante"**. Potrebbe guadagnare da 100 a 1000 dollari al mese. Valuti quanto guadagna di solito chi si iscrive al suo programma di affiliazione. Non cerchi di ingannare o bluffare. Sebbene queste parole suscitino reazioni immediate, deve usarle solo se lo pensa davvero. Si ricordi che non esiste assolutamente una scorciatoia per il successo. Quindi non ci provi.

Il successo di una lettera di vendita dipende principalmente dalle parole che utilizza e dal modo in cui le costruisce per raggiungere il suo scopo. Ancora una volta, non deve essere un esperto.

Per scrivere una lettera di vendita efficace è sufficiente scrivere in tedesco semplice, con un tono amichevole e colloquiale.

MODI PER COSTRUIRE LA RE-PUTAZIONE

Ecco alcuni modi per costruire una buona relazione:

• Nelle lettere di vendita possiamo spesso fare alcune affermazioni che sono chiare domande di tipo "sì".

Per esempio:

Sa quanto è importante per lei, vero? Non si merita il meglio?

Non è questo il momento migliore per iniziare? L'aggiunta di un punto interrogativo rispetto a un punto fermo è ancora discutibile, quindi usi quello che ritiene migliore per la sua situazione. Il suo obiettivo è far sì che il potenziale cliente sia d'accordo con lei e faccia ciò che dice. Giocare con i suoi sentimenti.

• Un altro metodo, analogo alla tecnica precedente, consiste nell'includere testimonianze di clienti soddisfatti. Sono molto utili per aumentare il valore percepito. Ma utilizzi testimonianze reali. Non cerchi di bluffare.

Il mirroring è un altro metodo in cui modella il suo aspetto, il tono di voce e il gergo sui suoi potenziali clienti che conosce bene. Ad esempio, non parlerà con un medico, ma con un commercialista o un event manager.

La reputazione è molto simile alla costruzione della credibilità. La differenza principale tra trasmettere credibilità e costruire un legame è che il suo potenziale cliente potrebbe fidarsi di lei, ma non essere abbastanza aperto da spendere il proprio denaro guadagnato con fatica per il suo prodotto o servizio. Il fatto è che le persone si fidano di coloro che sono più simili a loro di quanto non lo siano loro stessi.

Capitolo 4 - Completamento del lavoro

LISTA DI CONTROLLO FINALE PER UNA LETTERA DI VENDITA

o È meglio utilizzare il nome e il titolo della parte interessata.

o Cerchi di rendere la lettera di presentazione facile da usare e speciale.

o Utilizzi aneddoti, slogan e titoli accattivanti.

o Cerchi di scrivere come parla normalmente. Legga la sua prima bozza ad alta voce per vedere se il flusso del discorso è chiaro e libero.

o Mantenga i paragrafi brevi e utilizzi un linguaggio semplice. Parli nel gergo del gruppo
target.

o Una volta terminata la lettera, se ne dimentichi per un po'. Questo la aiuterà ad essere più
pratico nella revisione della lettera.

o Chieda ad amici e parenti critiche e commenti sulle sue lettere di vendita.

o Si attenga ad un formato standard, ma opti
per qualcosa di accattivante, come una carta co-
lorata.

o Utilizzi un carattere facile da usare.

o Utilizzi sempre P.S. o P.P.S. per attirare l'attenzione.

o Utilizzi le testimonianze, quando possibile,
per aumentare la sua credibilità.

o Faccia un'offerta genuina e irresistibile.

o Invii qualche promemoria.

o Offra un'opzione "commercia ora" in termini
di scadenze, offerte gratuite, scorte limitate,
ecc.

o Dica ai lettori cosa fare dopo. Non dia per
scontato che i suoi potenziali clienti lo sappiano
già esattamente.

o Renda la sua lettera di presentazione coinvolgente, emozionante e attraente.

o Utilizzi slogan provocatori e accattivanti, qualcosa che attragga.

o Se possibile, offra una garanzia di rimborso o di soddisfazione.

o Includa un biglietto di risposta, un numero di telefono e/o un URL.

o Sia breve e dolce, preciso e conciso.

o Se rende la sua lettera irregolare, è più probabile che venga aperta perché aumenta il fattore curiosità. Può utilizzare elastici, batuffoli di cotone e altri oggetti spugnosi per rendere la posta irregolare dall'interno.

o Può aumentare il numero di lettori indirizzando ogni busta a mano. Tuttavia, verifichi se il suo budget lo consente. In caso contrario, non esageri.

o Si astenga dall'aggiungere un logo aziendale alla sua busta, perché questo peggiorerà il rapporto di apertura.

Le aziende sono costantemente alla ricerca di modi per migliorare i loro risultati di marketing e questo richiede un approccio più personalizzato e mirato. Una lettera di presentazione ben scritta e mirata contribuisce ad aumentare il suo valore di vendita. Se riesce a far percepire al potenziale cliente che lei si immedesima in lui e che vuole veramente risolvere il suo problema, quasi tutta la battaglia è già vinta. Deve solo seguire alcuni suggerimenti e modelli per scrivere una lettera di presentazione spettacolare che serva al suo scopo.

PAROLE CONCLUSIVE

Ormai conosce tutti gli aspetti della progettazione di una buona lettera di vendita. Esaminiamo alcuni parametri di base di una lettera di vendita efficace.

1. Una lettera di vendita deve ispirare speranza per essere efficace. Le persone oggi sono sempre sotto pressione per il tempo. Pertanto, sono costantemente alla ricerca di prodotti e servizi che rendano la loro vita comoda e confortevole. Quindi, ispiri sempre speranza.

2. Creare un senso di urgenza. Per spingere le persone ad agire, deve aggiungere degli incentivi all'offerta. Può creare un senso di scarsità informando il lettore che le scorte sono limitate

o che l'offerta esistente è valida solo per un periodo limitato.

3. Si mostri come un esperto in materia. Se riesce a farlo, i suoi clienti saranno molto più propensi ad acquistare ciò che lei ha da vendere. Progetti la sua lettera di vendita in modo da dare l'impressione che sta solo cercando di aiutare gli altri e che non sta realmente traendo profitto dalla vendita.

4. Faccia finta di essere imparziale quando scrive la sua lettera di presentazione. Le persone odiano essere messe sotto pressione dai venditori per acquistare. Si sentono ingannate, anche se in realtà non è così. Quindi, se riesce a convincerli che vuole solo aiutarli a scoprire ciò di cui hanno bisogno e come procedere, il suo lavoro è quasi fatto. Può aspettarsi che le aprano il portafoglio.

5. Convinca il suo potenziale cliente con la paura. Questa è l'emozione più forte che può utilizzare a suo vantaggio. Cerchi di mettersi nella testa del lettore. Si concentri sul problema che ha il lettore. Gli mostri che a causa di questo problema è bloccato, irritato, preoccupato e incapace di risolvere il suo problema.

onesto ha bisogno di essere soddisfatto. Lei ha bisogno di fomentare il suo evidente problema e di farlo sembrare migliore di quanto non sia in realtà. Poi

gli dica come può mettersi nei guai se non fa nulla al riguardo. E poi mostrargli come il suo prodotto o servizio lo aiuterà a risolvere il problema.

6. Cerchi di essere diverso. Deve distinguersi dalla massa. Altrimenti, perché qualcuno dovrebbe comprare da lei? Forse il modo migliore è dire ai suoi potenziali clienti di non acquistare il prodotto o il servizio che sta vendendo loro. Sì, sembra una cosa molto sciocca, ma non lo è. Dica ai suoi lettori di acquistare i prodotti e i servizi dei suoi concorrenti. Solo se non sono soddisfatti della loro offerta, devono provare i suoi prodotti o servizi.

La scrittura di lettere di vendita di successo è fondamentale per il proprietario o l'imprenditore di un'attività su Internet. I profitti vengono generati e persi in base alla scrittura delle lettere di vendita. Non importa quanto sia meraviglioso il suo prodotto, se non riesce a trasmetterlo ai suoi potenziali acquirenti e a convincerli ad acquistare il suo prodotto, non ce la farà. Impari quindi ad articolare i vantaggi dei suoi prodotti o servizi.

Non è necessario essere un grande scrittore per scrivere lettere di vendita di successo. Tutto ciò che deve sapere è come vendere alle persone. Deve mettersi nei panni del suo potenziale acquirente e allenarsi a pensare come lui.

Ora conosce le regole del gioco. Se applicherà questi consigli e linee guida, la sua lettera di vendita avrà sicuramente un flusso di lettura rilassato e facile da leggere, che farà sì che i suoi potenziali clienti continuino a leggerla e, in ultima analisi, le porterà profitti.